Сергей Гандлевский
СНЫ ПО ЗАЯВКАМ

Photo by Владимир Радунский, courtesy of the author.

First softcover edition
ISBN: 978-1-968788-07-0

Cover design and typesetting by Virgola Press

Published by Virgola Press,
909 Third Avenue, Unit 175
New York, NY 10022
https://virgolapress.com

Сергей Гандлевский

СНЫ ПО ЗАЯВКАМ

60 стихотворений

VIRGOLA PRESS
New York, 2025

***

Опасен майский укус гюрзы.
Пустая фляга бренчит на ремне.
Тяжела слепая поступь грозы.
Электричество шелестит в тишине.
Неделю ждал я товарняка.
Всухомятку хлеба доел ломоть.
Пал бы духом наверняка,
Но попутчика мне послал Господь.
Лет пятнадцать круглое он катил.
Лет пятнадцать плоское он таскал.
С пьяных глаз на этот разъезд угодил —
Так вдвоем и ехали по пескам.

Хорошо так ехать. Да на беду
Ночью он ушел, прихватив мой френч,
В товарняк порожний сел на ходу,
Товарняк отправился на Ургенч.
Этой ночью снилось мне всего
Понемногу: золото в устье ручья,
Простое базарное волшебство —
Слабая дудочка и змея.
Лег я навзничь. Больше не мог уснуть.
Много все-таки жизни досталось мне.
"Темирбаев, платформы на пятый путь", —
Прокатилось и замерло в тишине.

1979

Будет все. Охлажденная долгим трудом
Устареет досада на бестолочь жизни,
Прожитой впопыхах и взахлеб. Будет дом
Под сосновым холмом на Оке или Жиздре.
Будут клин журавлиный на юг острием,
Толчея снегопада в движении Броуна,
И окрестная прелесть в сознанье моем
Накануне разлуки предстанет утроена.
Будет майская полночь. Осока и плес.
Ненароком задетая ветка остудит
Лоб жасмином. Забудется вкус черных слез.
Будет все. Одного *утешенья* не будет,
Оправданья. Наступит минута, когда
Возникает вопрос, что до времени дремлет:
Пробил час уходить насовсем, но куда?
Инородная музыка волосы треплет.
А вошедшая в обыкновение ложь
Ремесла потягается разве что с астмой
Духотою. Тогда ты без стука войдешь
В пятистенок ночлега последнего:
                              "Здравствуй.
Узнаю тебя. Легкая воля твоя
Уводила меня, словно длань кукловода,
Из пределов сумятицы здешней в края
Тишины. Но сегодня пора на свободу.
Я любил тебя. Легкою волей твоей
На тетрадных листах, озаренных неярко,
Тарабарщина варварской жизни моей
Обрела простоту регулярного парка.
Под отрывистым ливнем лоснится скамья.
В мокрой зелени тополя тенькают птахи.
Что ж ты плачешь, веселая муза моя,

Длинноногая девочка в грубой рубахе!
Не сжимай мое сердце в горсти и прости
За оскомину долгую дружбы короткой.
Держит раковина океан взаперти,
Но пространству тесна черепная коробка!"

1980

Это праздник. Розы в ванной.
Шумно, дымно, негде сесть.
Громогласный, долгожданный,
Драгоценный. Ровно шесть.
Вечер. Лето. Гости в сборе.
Золотая молодежь
Пьет и курит в коридоре —
Смех, приветствия, галдеж.

Только-только из-за школьной
Парты, вроде бы вчера,
Окунулся я в застольный
Гам с утра и до утра.
Пела долгая пластинка.
Балагурил балагур.
Сетунь, Тушино, Стромынка —
Хорошо, но чересчур.

Здесь, благодаренье Богу,
Я полжизни оттрубил.
Женщина сидит немного
Справа. Я ее любил.
Дело прошлое. Прогнозам
Верил я в иные дни.
Птицам, бабочкам, стрекозам
Эта музыка сродни.

Если напрочь не опиться
Водкой, шумом, табаком,
Слушать музыку и птицу
Можно выйти на балкон.

Ночь моя! Вишневым светом
Телефонный автомат
Озарил сирень, дуэтом
Липы старые шумят.

Табаком пропахли розы,
Их из Грузии везли.
Обещали в полдень грозы,
Грозы за полночь пришли.
Ливень бьет напропалую,
Дальше катится стремглав.
Вымостили мостовую
Зеркалами без оправ.

И светает. Воздух зябко
Тронул занавесь. Ушла
Эта женщина. Хозяйка
Убирает со стола.
Спит тихоня, спит проказник —
Спать! С утра очередной
Праздник. Все на свете праздник —
Красный, черный, голубой.

1980

***

Дай Бог памяти вспомнить работы мои,
Дать отчет обстоятельный в очерке сжатом.
Перво-наперво следует лагерь МЭИ,
Я работал тогда пионерским вожатым.
Там стояли два Ленина: бодрый старик
И угрюмый бутуз серебристого цвета.
По утрам раздавался воинственный крик
"Будь готов", отражаясь у стен сельсовета.
Было много других серебристых химер —
Знаменосцы, горнисты, скульптура лосихи.
У забора трудился живой пионер,
Утоляя вручную любовь к поварихе.

Жизнерадостный труд мой расцвел колесом
Обозрения с видом от Омска до Оша.
Хватишь лишку и Симонову в унисон
Знай бубнишь помаленьку: "Ты помнишь, Алеша?"
Гадом буду, в столичный театр загляну,
Где примерно полгода за скромную плату
Мы кадили актрисам, роняя слюну,
И катали на фурке тяжелого Плятта.
Верный лозунгу молодости "Будь готов!",
Я готовился к зрелости неутомимо.
Вот и стал я в неполные тридцать годов
Очарованным странником с пачки "Памира".

На реке Иртыше говорила резня.
На реке Сырдарье говорили о чуде.
Подвозили, кормили, поили меня
Окаянные ожесточенные люди.
Научился я древней науке вранья,
Разучился спросить о погоде без мата.

Мельтешит предо мной одиссея моя
Кинолентою шосткинского комбината.
Ничего, ничего, ничего не боюсь,
Разве только ленивых убийц в полумасках.
Отшучусь как-нибудь, как-нибудь отсижусь
С Божьей помощью в придурковатых подпасках.

В настоящее время я числюсь при СУ-
206 под началом Н. В. Соткилавы.
Раз в три дня караульную службу несу,
Шельмоватый кавказец содержит ораву
Очарованных странников. Форменный зо-
омузей посетителям на удивленье:
Величанский, Сопровский, Гандлевский, Шаззо —
Часовые строительного управленья.
Разговоры опасные, дождь проливной,
Запрещенные книжки, окурки в жестянке.
Стало быть, продолжается диспут ночной
Чернокнижников Кракова и Саламанки.

Здесь бы мне и осесть, да шалят тормоза.
Ближе к лету уйду, и в минуту ухода
Жизнь моя улыбнется, закроет глаза
И откроет их медленно снова — свобода.
Как впервые, когда рассчитался в МЭИ,
Сдал казенное кладовщику дяде Васе,
Уложил в чемодан причиндалы свои,
Встал ни свет ни заря и пошел восвояси.
Дети спали. Физорг починял силомер.
Повариха дремала в объятьях завхоза.
До свидания, лагерь. Прощай, пионер,
Торопливо глотающий крупные слезы.

1981

***

Вот наша улица, допустим,
Орджоникидзержинского,
Родня советским захолустьям,
Но это все-таки Москва.
Вдали топорщатся массивы
Промышленности некрасивой —
Каркасы, трубы, корпуса
Настырно лезут в небеса.
Как видишь, нет примет особых:
Аптека, очередь, фонарь
Под глазом бабы. Всюду гарь.
Рабочие в пунцовых робах
Дорогу много лет подряд
Мостят, ломают, матерят.

Вот автор данного шедевра,
Вдыхая липы и бензин,
Четырнадцать порожних евро-
бутылок тащит в магазин.
Вот женщина немолодая,
Хорошая, почти святая,
Из детской лейки на цветы
Побрызгала и с высоты
Балкона смотрит на дорогу.
На кухне булькает обед,
В квартирах вспыхивает свет.
Ее обманывали много
Родня, любовники, мужья.
Сегодня очередь моя.

Мы здесь росли и превратились
В угрюмых дядь и глупых теть.

Скучали, малость развратились —
Вот наша улица, Господь.
Здесь с окуджававской пластинкой,
Староарбатскою грустинкой
Годами прячут шиш в карман,
Испепеляют, как древлян,
Свои дурацкие надежды.
С детьми играют в города —
Чита, Сучан, Караганда.
Ветшают лица и одежды.
Бездельничают рыбаки
У мертвой Яузы-реки.

Такая вот Йокнапатофа
Доигрывает в спортлото
Последний тур (а до потопа
Рукой подать), гадает, кто
Всему виною — Пушкин, что ли?
Мы сдали на пять в этой школе
Науку страха и стыда.
Жизнь кончится — и навсегда
Умолкнут брань и пересуды
Под небом старого двора.
Но знала чертова дыра
Родство сиротства — мы отсюда.
Так по родимому пятну
Детей искали в старину.

1980

***

Светало поздно. Одеяло
Сползало на пол. Сизый свет
Сквозь жалюзи мало-помалу
Скользил с предмета на предмет.
По мере шаткого скольженья,
Раздваивая светотень,
Луч бил наискосок в "Оленью
Охоту". Трепетный олень
Летел стремглав. Охотник пылкий
Облокотился на приклад.
Свет трогал тусклые бутылки
И лиловатый виноград
Вчерашней трапезы, колоду
Игральных карт и кожуру
Граната, в зеркале комода
Чертил зигзаги. По двору
Плыл пьяный запах — гнали чачу.
Индюк барахтался в пыли.
Пошли слоняться наудачу,
Куда глаза глядят пошли.
Вскарабкайся на холм соседний,
Увидишь с этой высоты,
Что ночью первый снег осенний
Одел далекие хребты.
На пасмурном булыжном пляже
Откроешь пачку сигарет.
Есть в этом мусорном пейзаже
Какой-то тягостный секрет.
Газета, сломанные грабли,
Заржавленные якоря.
Позеленели и озябли
Косые волны октября.

Наверняка по краю шири
Вдоль горизонта серых вод
Пройдет без четверти четыре
Экскурсионный теплоход
"Сухум-Батум" с заходом в Поти.
Он служит много лет подряд,
И чайки в бреющем полете
Над ним горланят и парят.

Я плавал этим теплоходом.
Он переполнен, даже трюм
Битком набит курортным сбродом —
Попойка, сутолока, шум.
Там нарасхват плохое пиво,
Диск "Бони М", духи "Кармен".
На верхней палубе лениво
Господствует нацмен-бармен.
Он "чито-грито" напевает,
Глаза блудливые косит,
Он наливает, как играет,
Над головой его висит
Генералиссимус, а рядом
В овальной рамке из фольги,
Синея вышколенным взглядом,
С немецкой розовой ноги
Красавица капрон спускает.
Поют и пьют на все лады,
А за винтом, шипя, сверкает
Живая изморозь воды.
Сойди с двенадцати ступенек
За багажом в похмельный трюм.
Печали много, мало денег —
В иллюминаторе Батум.
На пристани, дыша сивухой,
Поможет в поисках жилья

Железнозубая старуха —
Такою будет смерть моя...

Давай вставай, пошли без цели
Сквозь ежевику пустыря.
Озябли и позеленели
Косые волны октября.
Включали свет, темнело рано.
Мой незадачливый стрелок
Дремал над спинкою дивана,
Олень летел, не чуя ног.

Вот так и жить. Тянуть боржоми.
Махнуть рукой на календарь.
Все в участи приемлю, кроме...
Но это, как писали встарь,
Предмет особого рассказа,
Мне снится тихое село
Неподалеку от Кавказа.
Доселе в памяти светло.

1980

***

Еще далёко мне до патриарха,
Еще не время, заявляясь в гости,
Пугать подростков выморочным басом:
"Давно ль я на руках тебя носил?!"
Но в целом траектория движенья,
Берущего начало у дверей
Роддома имени Грауэрмана,
Сквозь анфиладу прочих помещений,
Которые впотьмах я проходил,
Нашаривая тайный выключатель,
Чтоб светом озарить свое хозяйство,
Становится ясна.
                Вот мое детство
Размахивает музыкальной папкой,
В пинг-понг играет отрочество, юность
Витийствует, а молодость моя,
Любимая, как детство, потеряла
Счет легким километрам дивных странствий.
Вот годы, прожитые в четырех
Стенах московского алкоголизма.
Сидели, пили, пели хоровую —
Река, разлука, мать-сыра земля.
Но ты зеваешь: "Мол, у этой песни
Припев какой-то скучный..." — Почему?
Совсем не скучный, он традиционный.

Вдоль вереницы зданий станционных
С дурашливым щенком на поводке
Под зонтиком в пальто демисезонных
Мы вышли наконец к Москва-реке.
Вот здесь и поживем. Совсем пустая
Профессорская дача в шесть окон.

Крапивница, капризно приседая,
Пропархивает наискось балкон.
А завтра из ведра возле колодца
Уже оцепенелая вода
Обрушится к ногам и обернется
Цилиндром изумительного льда.
А послезавтра изгородь, дрова,
Террасу заштрихует дождик частый.
Под старым рукомойником трава
Заляпана зубною пастой.
Нет-нет да и проглянет синева,
И песня не кончается.
                   В припеве
Мы движемся к суровой переправе.
Смеркается. Сквозит, как на плацу.
Взмывают чайки с оголенной суши.
Живая речь уходит в хрипотцу
Грамзаписи. Щенок развесил уши —
His master's voice.
                   Беда не велика.
Поговорим, покурим, выпьем чаю.
Пора ложиться. Мне наверняка
Опять приснится хмурая, большая,
Наверное, великая река.

1980

Самосуд неожиданной зрелости,
Это зрелище средней руки
Лишено общепризнанной прелести —
Выйти на берег тихой реки,
Рефлектируя в рифму. Молчание
Речь мою караулит давно.
Бархударов, Крючков и компания,
Разве это нам свыше дано!

Есть обычай у русской поэзии
С отвращением бить зеркала
Или прятать кухонное лезвие
В ящик письменного стола.
Дядя в шляпе, испачканной голубем,
Отразился в трофейном трюмо.
Не мори меня творческим голодом,
Так оно получилось само.

Было вроде кораблика, ялика,
Воробья на пустом гамаке.
Это облако? Нет, это яблоко.
Это азбука в женской руке.
Это азбучной нежности навыки,
Скрип уключин по дачным прудам.
Лижет ссадину, просится на руки —
Я тебя никому не отдам!

Стало барщиной, ревностью, мукою,
Расплескался по капле мотив.
Всухомятку мычу и мяукаю,
Пятернями башку обхватив.

Для чего мне досталась в наследие
Чья-то маска с двусмысленным ртом,
Одноактовой жизни трагедия,
Диалог резонера с шутом?

Для чего, моя музыка зыбкая,
Объясни мне, когда я умру,
Ты сидела с недоброй улыбкою
На одном бесконечном пиру
И морочила сонного отрока,
Скатерть праздничную теребя?
Это яблоко? Нет, это облако.
И пощады не жду от тебя.

1982

ЭЛЕГИЯ

"Мне холодно. Прозрачная весна..."
О. Мандельштам

Апреля цирковая музыка —
Трамваи, саксофон, вороны —
Накроет кладбище Миусское
Запанибрата с похоронной.
Был или нет я здесь по случаю,
Рифмуя на живую нитку?
И вот доселе сердце мучаю,
Все пригодилось недобитку.
И разом вспомнишь, как там дышится,
Какая слышится там гамма.
И синий с предисловьем Дымшица
Выходит томик Мандельштама.
Как раз и молодость кончается,
Гербарный василек в тетради.
Кто в США, кто в Коми мается,
Как некогда сказал Саади.
А ты живешь свою подробную,
Теряешь совесть, ждешь трамвая
И речи слушаешь надгробные,
Шарф подбородком уминая.
Когда задаром — тем и дорого —
С экзальтированным протестом
Трубит саксофонист из города
Неаполя. Видать, проездом.

1985

***

Растроганно прислушиваться к лаю,
Чириканью и кваканью, когда
В саду горит прекрасная звезда,
Названия которой я не знаю.
Смотреть, стирая робу, как вода
Наматывает водоросль на сваю,
По отмели рассеивает стаю
Мальков и раздувает невода.
Грядущей жизнью, прошлой, настоящей,
Неярко озарен любой пустяк —
Порхающий, желтеющий, журчащий, —
Любую ерунду берешь на веру.
Не надрывай мне сердце, я и так
С годами стал чувствителен не в меру.

1986

***

Ай да сирень в этом мае! Выпуклокрупные гроздья
Валят плетни в деревнях, а на Бульварном кольце
Тронут лицо в темноте — душемутительный запах.
Сердце рукою сдави, восвояси иди, как слепой.
Здесь на бульварах впервой
                            повстречался мне голый дошкольник,
Лучник с лукавым лицом; изрядно стреляет малец!
Много воды утекло. Старая только заноза
В мякоти чудом цела. Думаю, это пройдет.
Поутру здесь я сидел нога на ногу гордо у входа
В мрачную пропасть метро с ветвью сирени в руках.
Кольца пускал из ноздрей, пил в час пик газировку,
Улыбнулся и рек согражданам в сердце своем:
"Дурни, куда вы толпой? Олухи, мне девятнадцать.
Сроду нигде не служил, не собираюсь и впредь.
Знаете тайну мою? Моей вы не знаете тайны:
Ночь я провел у Лаисы. Виктор Зоилыч рогат".

1984

СТАНСЫ

Памяти матери

I

Говори. Что ты хочешь сказать? Не о том ли, как шла
Городскою рекою баржа́ по закатному следу,
Как две трети июня, до двадцать второго числа,
Встав на цыпочки, лето старательно тянется к свету,
Как дыхание липы сквозит в духоте площадей,
Как со всех четырех сторон света гремело в июле?
А что речи нужна позарез подоплека идей
И нешуточный повод -- так это тебя обманули.

II

Слышишь: гнилью арбузной пахнул овощной магазин,
За углом в подворотне грохочет порожняя тара,
Ветерок из предместий донес перекличку дрезин,
И архивной листвою покрылся асфальт тротуара.
Урони кубик Рубика наземь, не стоит труда,
Все расчеты насмарку, поешь на дожде винограда,
Сидя в тихом дворе, и воочью увидишь тогда,
Что приходит на память в горах и расщелинах ада.

III

И иди, куда шел. Но, как в бытность твою, по ночам,
И особенно в дождь, будет голою веткой упрямо,
Осязая оконные стекла, программный анчар
Трогать раму, что мыла в согласии с азбукой мама.

И хоть уровень школьных познаний моих невысок,
Вижу как наяву: сверху вниз сквозь отверстие в колбе
С приснопамятным шелестом сыпался мелкий песок.
Немудрящий прибор, но какое раздолье для скорби!

IV

Об пол злостью, как тростью, ударь,
                          шельмовства не тая,
Испитой шарлатан с неизменною шаткой треногой,
Чтоб прозрачная призрачная распустилась струя
И озоном запахло под жэковской кровлей убогой.
Локтевым электричеством мебель ужалит — и вновь
Говори, как под пыткой, вне школы и без манифеста,
Раз тебе, недобитку, внушают такую любовь
Это гиблое время и Богом забытое место.

V

В это время вдовец Айзенштад, сорока семи лет
Колобродит по кухне и негде достать пипольфена.
Есть ли смысл веселиться, приятель, я думаю, нет,
Даже если он в траурных черных трусах до колена.
В этом месте, веселье которого есть питие,
За порожнею тарой видавшие виды ребята
За Серегу Есенина или Андрюху Шенье
По традиции пропили очередную зарплату.

VI

После смерти я выйду за город, который люблю,
И, подняв к небу морду, рога запрокинув на плечи,
Одержимый печалью, в осенний простор протрублю
То, на что не хватило мне слов человеческой речи.

Как баржа́ уплывала за поздним закатным лучом,
Как скворчало железное время на левом запястье,
Как заветную дверь отпирали английским ключом...
Говори. Ничего не поделаешь с этой напастью.

1987

РОМАНС

В Переделкине есть перекресток.
На закате июльского дня
Незадолго до вечной разлуки
Ты в Москву провожала меня.

Проводила и в спину глядела,
Я и сам обернулся не раз.
А когда я свернул к ресторану,
Ты по счастью исчезла из глаз.

Приезжай наконец, электричка!
И уеду — была не была —
В Сан-Франциско, Марсель, Йокогаму,
Чтобы жалость с ума не свела.

1992

***

Устроиться на автобазу
И петь про черный пистолет.
К старухе матери ни разу
Не заглянуть за десять лет.
Проездом из Газлей на юге
С канистры кислого вина
Одной подруге из Калуги
Заделать сдуру пацана.
В рыгаловке рагу по средам,
Горох с треской по четвергам.
Божиться другу за обедом
Впаять завгару по рогам.
Преодолеть попутный гребень
Тридцатилетия. Чем свет
Возить "налево" лес и щебень
И петь про черный пистолет.
А не обломится халтура —
Уснуть щекою на руле,
Спросонья вспоминая хмуро
Махаловку в Махачкале.

1985

***

А. М.

Что-нибудь о тюрьме и разлуке,
Со слезою и пеной у рта.
Кострома ли, Великие Луки —
Но в застолье в чести Воркута.
Это песни о том, как по справке
Сын седым воротился домой.
Пил у Нинки и плакал у Клавки —
Ах ты, господи боже ты мой!

Наша станция как на ладони.
Шепелявит свое водосток.
О разлуке поют на перроне.
Хулиганов везут на восток.
День-деньской колесят по отчизне
Люди, хлеб, стратегический груз.
Что-нибудь о загубленной жизни —
У меня невзыскательный вкус.

Выйди осенью в чистое поле,
Ветром родины лоб остуди.
Жаркой розой глоток алкоголя
Разворачивается в груди.
Кружит ночь из семейства вороньих.
Расстояния свищут в кулак.
Для отечества нет посторонних,
Нет, и все тут, — и дышится так,

Будто пасмурным утром проснулся,
Загремели, баланду внесли, —
От дурацких надежд отмахнулся,
И в исподнем ведут, а вдали —

Пруд, покрытый гусиною кожей,
Семафор через силу горит,
Сеет дождь, и небритый прохожий
Сам с собой на ходу говорит.

1984

***

Скрипит? А ты лоскут газеты
Сложи в старательный квадрат
И приспособь, чтоб дверца эта
Не отворялась невпопад.

Порхает в каменном колодце
Невзрачный городской снежок.
Все вроде бы, но остается
Последний небольшой должок.

Еще осталось человеку
Припомнить все, чего он не,
Дорогой, например, в аптеку
В пульсирующей тишине.

И, стоя под аптечной коброй,
Взглянуть на ликованье зла
Без зла, не потому что добрый,
А потому что жизнь прошла.

1993

***

Памяти родителей

Сначала мать, отец потом
Вернулись в пятьдесят девятый
И заново вселились в дом,
В котором жили мы когда-то.
Все встало на свои места.
Как папиросный дым в трельяже,
Растаяли неправота,
Разлад, и правота, и даже
Такая молодость моя —
Мы будущего вновь не знаем.
Отныне, мертвая семья,
Твой быт и впрямь неприкасаем.

Они совпали наконец
С моею детскою любовью,
Сначала мать, потом отец,
Они подходят к изголовью
Проститься на ночь и спешат
Из детской в смежную, откуда
Шум голосов, застольный чад,
Звон рюмок и, конечно, Мюда
О чем-то спорит горячо.
И я еще не вышел ростом,
Чтобы под Мюдин гроб плечо
Подставить наспех в девяностом.

Лги, память, безмятежно лги:
Нет очевидцев, я — последний.
Убавь звучание пурги,
Чтоб вольнодумец малолетний

Мог (любознательный юнец!)
С восторгом слышать через стену,
Как хвалит мыслящий отец
Многопартийную систему.

1991

***

Вот когда человек средних лет, багровея, шнурки
Наконец-то завяжет и с корточек встанет, помедля,
И пойдет по делам по каким позабыл от тоски
Вообще и конкретной тоски, это — зрелище не для
Слабонервных. А я эту муку люблю, однолюб.
Во дворах воробьев хороня, мы ее предвкушали,
И — пожалуйста.

       "Стар я, — бормочет, — несчастлив и глуп.
Вы читали меня в периодике?" Нет, не читали
И читать не намерены. Каждый и сам умудрен
Километрами шизофрении на страшном диване.
Кто избавился, баловень, от роковых шестерен?
(Поступь рока слышна у Набокова в каждом романе.)

Раз в Тбилиси весной в ореоле своем голубом
Знаменитость, покойная ныне, кумир киноведов,
Приложением к лагерным россказням вынес альбом —
Фотографии кровосмесителей и людоедов.
На пол наискось выскользнул случаем
                         с пыльных страниц
Позитив в пол-ладони, окутанный в чудную дымку
Простодушия, что ли, сияния из-под ресниц...
— Мне здесь пять, — брякнул гений.
                            Мы отдали должное снимку.
Как тебе наше сборище, а, херувим на горшке?
Люб тебе пожилой извращенец, косеющий с первой?
Это было похлеще историй о тухлой кишке
И о взломе мохнатого сейфа. Опять-таки нервы.
В свете вышеизложенного, башковитый тростник,
Вряд ли ты ошарашишь читателя своеобразьем
И премудростью книжною. Что же касается книг,
Человека воде уподобили, пролитой наземь,

31

Во Второй Книге Царств. Он умрет, как у них повелось.
Воробьи (да, те самые) сядут знакомцу на плечи.
Если жизнь дар и вправду, о смысле не может быть речи.
Разговор о Великом Авось.

1991

***

Когда я жил на этом свете
И этим воздухом дышал,
И совершал поступки эти,
Другие, нет, не совершал;
Когда помалкивал и вякал,
Мотал и запасался впрок,
Храбрился, зубоскалил, плакал —
И ничего не уберег;
И вот теперь, когда я умер
И превратился в вещество,
Никто — ни Кьеркегор, ни Бубер —
Не объяснит мне, для чего,
С какой — не растолкуют — стати,
И то сказать, с какой-такой
Я жил и в собственной кровати
Садился вдруг во тьме ночной...

1995

***

Найти охотника. Головоломка.
Вся хитрость в том, что ясень или вяз,
Ружьё, ягдташ, тирольская шляпёнка
Сплошную образовывают вязь.

Направь прилежно лампу на рисунок
И угол зренья малость измени,
Чтобы трофеи, ружьецо, подсумок
Внезапно выступили из тени.

Его на миг придумала бумага —
Чуть-чуть безумец, несколько эстет,
Преступник на свободе, симпатяга —
Сходи на нет, теперь сходи на нет!

И вновь рисунок, как впервой, неясен.
Но было что-то — перестук колёс
Из пригорода, вяз, не помню, ясень —
Безмерное, ослепшее от слёз,

Блистающее в поселковой луже,
Под стариковский гомон воронья...
И жизнь моя была б ничуть не хуже,
Не будь она моя!

1996

***

Социализм, Москва, кинотеатр,
Где мы с Сопровским молоды и пьяны.
Свет гаснет, первый хроникальный кадр —
Мажор с экрана.
В Ханое — труд, в Софии — перепляс,
Трус, мор и глад — в Нью-Йорке.
А здесь последний свет погас —
Сопровский, я и "три семёрки".

Мы шли на импортный дурман,
Помноженный на русский градус.
Но мой дружок мертвецки пьян —
Ему не в радость.
Огромные закрытые глаза.
Шпана во мраке шутки шутит.
Давай-ка пробуждайся, спать нельзя —
Смотри, какую невидаль нам крутят:
Слепой играет аккордеонист,
И с пулей в животе походкой шаткой
Выходит, сквернословя, террорист
Во двор, мощённый мощною брусчаткой.

Неряха, вундеркинд, гордец,
Исчадье книжной доблести и сплина,
Ты — сеятель причин и следствий жнец,
Но есть и на тебя причина.

Будь начеку, отчисленный студент.
Тебя, мой друг большеголовый,
Берёт на карандаш — я думал мент,
А вышло — ангел участковый.

1997

***

Так любить — что в лицо не узнать,
И проснуться от шума трамвая.
Ты жена мне, сестра или мать,
С кем я шел вдоль околицы рая?

Слышишь, ходит по кругу гроза —
Так и надо мне, так мне и надо!
Видишь, вновь закрываю глаза,
Увлекаемый в сторону ада.

Заурядны приметы его:
Есть завод, проходная, Кузьминки,
Шум трамвая, но прежде всего —
По утраченной жизни поминки.

За столом причитанья и смех,
И под утро не в жилу старшому
Всех вести на обоссанный снег
И уже добивать по-простому.

Оставайся со мной до конца,
Улыбнись мне глазами сухими,
Обернись, я не помню лица,
Назови свое прежнее имя.

1997

***

Баратынский, Вяземский, Фет и проч.
И валяй цитируй, когда не лень.
Смерть — одни утверждают, — сплошная ночь,
А другие божатся, что Юрьев день.
В настоящее время близка зима.
В новый год плесну себе коньячку.
Пусть я в общем и целом — мешок дерьма,
Мне ещё не скучно хватить снежку
Или встретиться с зеркалом: сколько лет,
Сколько зим мы знакомы, питомец муз!
Ну решайся, тебе уже много лет,
А боишься выбрать даже арбуз.
Семь ноль-ноль. Пробуждается в аккурат
Трудодень, человекоконь гужевой.
Каждый сам себе отопри свой ад,
Словно дверцу шкафчика в душевой.

1997

НА СМЕРТЬ И. Б.

Здесь когда-то ты жила, старшеклассницей была,
А сравнительно недавно своевольно умерла.
Как, наверное, должна скверно тикать тишина,
Если женщине-красавице жизнь стала не мила.
Уроженец здешних мест, средних лет, таков, как есть,
Ради холода спинного навещаю твой подъезд.
Что ли роз на все возьму, на кладбище отвезу,
Уроню, как это водится, нетрезвую слезу...
Я ль не лез в окно к тебе из ревности, по злобе́
По гремучей водосточной к небу задранной трубе?
Хорошо быть молодым, молодым и пьяным в дым —
Четверть века, четверть века зряшным подвигам моим!
Голосом, разрезом глаз с толку сбит в толпе не раз,
Я всегда обознавался, не ошибся лишь сейчас,
Не ослышался — мертва. Пошла кругом голова.
Не любила меня отроду, но ты была жива.

Кто б на ножки поднялся, в дно головкой уперся,
Поднатужился, чтоб разом смерть была, да вышла вся!
Воскресать так воскресать! Встали в рост отец и мать.
Друг Сопровский оживает, подбивает выпивать.
Мы "андроповки" берём, что-то первая колом —
Комом в горле, слуцким слогом да частушечным стихом.
Так от радости пьяны, гибелью опалены,
В черно-белой кинохронике вертаются с войны.
Нарастает стук колёс и душа идёт вразнос.
На вокзале марш играют — слепнет музыка от слёз.
Вот и ты — одна из них. Мельком видишь нас двоих,
Кратко на фиг посылаешь обожателей своих.
Вижу я сквозь толчею тебя прежнюю, ничью,

Уходящую безмолвно прямо в молодость твою.
Ну, иди себе, иди. Всё плохое позади.
И отныне, надо думать, хорошее впереди.
Как в былые времена, встань у школьного окна.
Имя, девичью фамилию выговорит тишина.

1998

***

близнецами считал а когда разузнал у соседки
оказался непарный чудак-человек
он сходил по-большому на лестничной клетке
оба раза при мне и в четверг
мой народ отличает шельмец оргалит от фанеры
или взять чтоб не быть голословным того же меня
я в семью возвращался от друга валеры
в хороводе теней три мучительных дня
и уже не поверят мне на слово добрые люди
что когда-то я был каждой малости рад
в тюбетейке со ртом до ушей это я на верблюде
рубль всего а вокруг обольстительный ленинабад
я свой век скоротал как восточную сказку
дромадер алкоголя горячечные миражи
о сними с меня жено похмельную маску
и бай-бай уложи
пусть я встану чем свет не таким удручающим что ли
как сегодня прилёг
разве нас не учили хорошему в школе
где пизда-марь иванна проводила урок
иванов сколько раз повторять не вертись и не висни
на анищенко сел по-людски
все открыли тетради пишем с красной строки
смысл жизни

1999

***

Мама чашки убирает со стола,
Папа слушает Бетховена с утра,
"Ножи-ножницы," — доносится в окно,
И на улице становится темно.
Раздаётся ультиматум "марш в кровать!" —
То есть вновь слонов до одури считать,
Или вскидываться заполночь с чужой
Перевёрнутой от ужаса душой.
Нюра-дурочка, покойница, ко мне
Чего доброго пожалует во сне —
Биографию юннату предсказать
Али "глупости" за фантик показать.

Вздор и глупости! Плательщики-жильцы
При ближайшем рассмотреньи — не жильцы.
Досчитали под Бетховена слонов
И уснули как убитые, без снов.
Что-то клонит и меня к такому сну.
С понедельника жизнь новую начну.
И забуду лад любимого стиха
"Папе сделали ботинки..." — ха-ха-ха.
И умолкнут над промышленной рекой
Звуки музыки нече-лове-ческой.
И потянемся гуськом за тенью тень,
Вспоминая с бодуна воскресный день.

1999

***

всё разом — вещи в коридоре
отъезд и сборы впопыхах
шесть вялых роз и крематорий
и предсказание в стихах
другие сборы путь неблизок
себя в трюмо а у трюмо
засохший яблока огрызок
се одиночество само
или короткою порою
десятилетие назад
она и он как брат с сестрою
друг другу что-то говорят
обоев клетку голубую
и обязательный хрусталь
семейных праздников любую
подробность каждую деталь
включая освещенность комнат
и мебель тумбочку комод
и лыжи за комодом — вспомнит
проснувшийся и вновь заснет

1999

***

Я по лестнице спускаюсь
И тихонько матюкаюсь.
Толстой девочке внизу
Делаю "козу".

Разумеется, при спуске
Есть на психику нагрузки.
Зря я выпил без закуски —
Как это по-русски!

Солнце прячется за тучкой.
Бобик бегает за Жучкой.
Бьется бабушка над внучкой —
Сделай дяде ручкой.

1999

***

Фальстафу молодости я сказал "прощай"
И сел в трамвай.

В процессе эволюции, не вдруг
Был шалопай, а стал бирюк.

И тем не менее апрель
С безалкогольною капелью
Мне ударяет в голову, как хмель.

Не водрузить ли несколько скворешен
С похвальной целью?
Не пострелять ли в цель?

Короче говоря, я безутешен.

2000

***

видимо школьный двор
вестибюль коридор
сдача норм гто
или вроде того

завуч или физрук
насмерть проветрен класс
голосуем лес рук
надо же сколько нас

тщась молодежь увлечь
педагог держит речь
каждого под конец
ждет из пизы гонец

затеряться в толпе
не дано никому
на такое чп
нету увы цэ у

должен знать назубок
школьник повестку дня
лягу на правый бок
не тормоши меня

пусть дадут аттестат
пусть оставят в живых
гомонит листопад
митинг глухонемых

2000

***

Петру Вайлю

Цыганка ввалится, мотая юбкою,
В вокзал с младенцем на весу.
Художник слова над четвёртой рюмкою
Сидишь — и ни в одном глазу.

Еще нагляднее от пойла жгучего
Все-все художества твои.
Бери за образец коллегу Тютчева —
Молчи, короче, и таи.

Косясь на выпивку, частит пророчица,
Но не содержит эта речь
И малой новости, какой захочется
Купе курящее развлечь.

Играет музычка, мигает лампочка,
И ну буфетчица зевать,
Что самое-де время лавочку
Прикрыть и выручку сдавать.

Шуршат по насыпи чужие особи.
Диспетчер зазывает в путь.
А ты сидишь, как Меншиков в Березове, —
Иди уже куда-нибудь.

2001

47

***

Льву Рубинштейну

Выуживать мелочь со дна кошелька
Вслепую от блеска заката
И, выудив, бросить два-три медяка
В коробку у ног музыканта.
И – прочь через площадь в закатных лучах
В какой-нибудь Чехии, Польше…
Разбитое сердце, своя голова на плечах –
Чего тебе больше?

2004

***

Ржавчина и желтизна - очарованье очей.
Облако между крыш само из себя растет.
Ветер крепчает и гонит листву взашей,
Треплет фонтан и журнал позапрошлых мод.

Синий осенний свет – я в нем знаю толк как никто.
Песенки спетой куплет, обещанный бес в ребро.
Казалось бы, отдал все, лишь бы снова ждать у метро
Женщину 23-х лет в длинном черном пальто.

2004

***

Признаки жизни, разные вещи –
примус и клещи.
Шмотки на выброс, старые снимки -
фотоужимки.

Сколько стараний, поздних прозрений,
ранних вставаний!
Дачная рухлядь – вроде искусства,
жизни сохранней.

И воскрешает, вроде искусства,
сущую малость -
всякие мысли, всякие чувства,
прочую жалость.

Вплоть до частушки о волейболе
и валидоле...
Платье на стуле – польское, что ли,
матери, что ли?

2005

***

Мне нравится смотреть, как я бреду,
Чужой, сутулый, в прошлом многопьющий,
Когда меня средь рощи на ходу
Бросает в вечный сон грядущий.

Или потом, когда стою один
У края поля, неприкаян,
Окрестностей прохожий господин
И сам себе хозяин.

И сам с собой минут на пять вась-вась
Я медленно разглядываю осень.
Как засран лес, как жизнь не удалась.
Как жалко леса, а ее - не очень.

2006

***

Ю. К.

«Где с воробьем Катулл и с ласточкой Державин...»
В. Ходасевич

«О-да-се-ви́ч?» - переспросил привратник
и, сверившись с компьютером, повел,
чуть шевеля губами при подсчете
рядов и мест.

Мы принесли – фиалки не фиалки –
незнамо что в пластмассовом горшке
и тихо водрузили это дело
на типовую серую плиту.

Был зимний вполнакала день.
На взгляд туриста, неправдоподобно-
обыденный: кладбище как кладбище
и улица как улица, в придачу –
бензоколонка.
                  Вот и хорошо.

Покойся здесь, пусть стороной пройдут
обещанный наукою потоп,
ислама вал и происки отчизны –
охотницы до пышных эксгумаций.

Жил беженец и умер. И теперь
сидит в теньке и мокрыми глазами

следит за выкрутасами кота,
который в силу новых обстоятельств
опасности уже не представляет
для воробьев и ласточек.

2007

***

Ни сика, ни бура, ни сочинская пуля –
иная, лучшая мне грезилась игра
средь пляжной немочи короткого июля.
Эй, Клязьма, оглянись, поворотись, Пахра!

Исчадье трепетное пекла пубертата
ничком на толпами истоптанной траве
уже навряд ли я, кто здесь лежал когда-то
с либидо и обидой в голове.

Твердил внеклассное, не заданное на дом,
мечтал и поутру, и отходя ко сну
вертеть туда-сюда – то передом, то задом
одну красавицу, красавицу одну.

Вот, думал, вырасту, заделаюсь поэтом –
мерзавцем форменным в цилиндре и плаще,
вздохну о кисло-сладком лете этом,
хлебну того-сего - и вообще.

Потом дрались в кустах, еще пускали змея,
и реки детские катились на авось.
Но, знать, меж дачных баб, урча, слонялась фея -
ты не поверишь: все сбылось.

2007

АНТОЛОГИЧЕСКОЕ

Се́нека учит меня
что страх недостоин мужчины
для сохраненья лица
сторону смерти возьми

тополь полковник двора
лихорадочный треп первой дружбы
ночь напролет
запах липы
уместивший всю жизнь

вот что я оставляю
а Се́нека учит меня

2008

***

Мама маршевую музыку любила.
Веселя бесчувственных родных,
виновато сырость разводила
в лад призывным вздохам духовых.

Видно, что-то вроде атавизма
было у совслужащей простой -
будто нет его, социализма,
на одной шестой.

Будто глупым барышням уездным
не собрать серебряных колец,
как по пыльной улице с оркестром
входит полк в какой-нибудь Елец.

Моя мама умерла девятого
мая, когда всюду день-деньской
надрывают сердце «аты-баты» -
коллективный катарсис такой.

Мама, крепко спи под марши мая!
Отщепенец, маменькин сынок,
самого себя не понимая,
мысленно берет под козырек.

2008

***

Жаль в аптеке нет средства для сна по заявкам,
чтоб увидеть опять, как мы сели за стол,
мама, я, тетя Соня, и Шарик загавкал –
это папа в калитку вошел.

2009

***

У Гоши? Нет. На Автозаводской?
Исключено. Скорей всего, у Кацов.
И виделись-то три-четыре раза.
Нос башмачком, зеленые глаза,
а главное – летящая походка,
такой ни у кого ни до, ни после.
Но имени-то не могло не быть!

Еще врала напропалую:
чего-то там ей Бродский посвятил,
или Париж небрежно поминала –
одумайся, какой такой Париж?!
Вдруг вызвалась «свой способ» показать –
от неожиданности я едва не прыснул.
Показывала долго, неумело
и, морщась, я ударами младых
и тощих чресел торопил развязку.

Сегодня, без пяти минут старик,
я не могу уснуть не вообще,
а от прилива скорби.
                    Вот и вспомнил -
чтоб с облегчением забыть уже
на веки вечные - Немесова. Наташа.

2009

ПОДРАЖАНИЕ

«Into my heart an air that kills...»
A. E. Housman

Двор пуст и на расправу скор
и режет без ножа.
Чье там окно глядит в упор
с седьмого этажа?

Как чье окно? - Твое окно,
ты обретался здесь
и в эту дверь давным-давно
входил, да вышел весь.

2011

***

Когда я был молод, заносчив, смешлив,
раз, в забвенье приличий, я не пошел
ни на сходку повес с битьем зеркал,
ни к Лаисе на шелест ее шелков.

А с утра подался на Рижский вокзал,
взял билет, а скорее всего не брал,
и за час примерно доехал до... –
вот название станции я забыл.

В жизни я много чего забыл,
но помню тот яркий осенний день –
озноб тополей на сентябрьском ветру,
синее небо и т. п.

В сельпо у перрона я купил
чекушку и на сдачу батон,
спросил, как короче пройти к реке, –
и мне указали кратчайший путь.

В ивах петляла Истра-река,
переливалась из света в тень.
И повторялись в реке берега,
как повторяются по сей день.

Хотя миновало сорок лет -
целая вечность коту под хвост, -
а река все мешает тень и свет;
но и наш пострел оказался не прост.

Я пил без закуски, но не косел,
а отрезвлялся с каждым глотком.

И я встал с земли не таким, как сел,
юным зазнайкой-весельчаком.

Выходит, вода пустячной реки,
сорок лет как утекшая прочь стремглав,
по-прежнему держит меня на плаву,
даже когда я кругом неправ.

Шли и шли облака среди тишины,
и сказал я себе, поливая траву:
«Значит, так», - и заправил рубашку в штаны -
так с тех пор и живу.

2011

***

Обычно мне хватает трех ударов.
Второй всегда по пальцу, бляха-муха,
а первый и последний по гвоздю.

Я знаю жизнь. Теперь ему висеть
на этой даче до скончанья века,
коробиться от сырости, желтеть
от солнечных лучей и через год,
просроченному, сделаться причиной
неоднократных недоразумений,
смешных или печальных, с водевильным
оттенком.
              Снять к чертям - и на растопку!
Но у кого поднимется рука?

А старое приспособленье для
учета дней себя еще покажет
и время уместит на острие
мгновения.

                    Какой-то здешний внук,
в летах, небритый, с сухостью во рту,
в каком-нибудь две тысячи веселом
году придет со спутницей в музей
(для галочки, Европа, как-никак).

Я знаю жизнь: музей с похмелья – мука,
осмотр шедевров через не могу.
И вдруг он замечает, бляха-муха,
охотников. Тех самых. На снегу.

2011

***

Старый князь умирает и просит:
«Позовите Андрюшу...»
Эта фраза из раза в раз вынимает мне душу,

потому что, хотя не виконты и не графья мы,
в самых общих чертах похоже на смерть моей мамы.

Было утро как утро, солнце светило ярко.
«Позовите Сашу, Сережу, найдите Марка», -

восклицала в беспамятстве и умерла назавтра.
Хорошо бы спросить напрямую известного автора,

отчего на собственный мир он идет войною,
разбивает сердца, разлучает мужа с женою.

Либо что-то в виду имеет, но сказать не умеет,
либо он ситуацией в принципе не владеет.

2013

***

Говорю ли с женой об искусстве
или скромно блюду тишину,
речь, в конечном итоге, о чувстве,
обуявшем меня и жену.

Иль, сверкая вставными зубами,
поучаю красавицу дочь –
снова та же фигня между нами,
не иначе, сомнения прочь!

Или с сыном, решительным Гришей,
за бутылкой тиранов кляну,
речь о том же идет, что и выше –
в мирных строфах про дочь и жену.

И когда я с Магариком Лешей
в многодневный запой ухожу,
объясненье одно – он хороший,
этот Леша, с которым дружу.

Даже если гуляю барбосов
с грубой целью «а-а» и «пи-пи»,
у тебя не должно быть вопросов –
это тоже в порядке любви.

Очень важно дружить и влюбляться,
от волнения много курить,
по возможности совокупляться
и букеты собакам дарить!

2013

ИЗ ЕККЛЕСИАСТА

Владимиру Радунскому

Кирпич Толстого для отвода глаз
на парте, а украдкой из-под парты
слепую копию взахлеб читает класс
в двадцатых числах марта.
Доска закатом злачным залита,
и невдомек унылым педагогам,
чем там Элеонора занята
сперва с виконтом, после – с датским догом.

Физ-ра. «Чи-то-чи-ма-чи-ду-чи-ра» -
вот, собственно, и все про эту Тому.
Но задница ее! Но буфера!
Бреди давай по направленью к дому,
наперевес держа свою истому,
как будто в пику старому и злому
Толстому, Аракчееву добра.

Греши, пока грешится – твой черед.
Нет опыта, чтоб задом наперед
с равнением на вечную разлуку.
Чи-со-чи-весть до времени не в счет,
и суета сует свое берет,
когда на реках трогается лед,
и барчуки насилуют прислугу.

2014

«Tombe la neige»

Снег под утро завалил дворы и стогны,
а на третьем этаже пылают окна.
Спят филистеры от мала до велика,
а на третьем этаже не вяжут лыка.
Новый гость в дверях – и сна как не бывало,
на колу мочало начинай сначала -
Достоевский, ностальгия по капстранам
и само собою ненависть к тиранам.
В ванной нежный запах рвоты с перепою,
а на кухне суд вершится над толпою.

Много позы, много вздора, много пыла,
мимо пепельниц оброненного пепла
и сумятицы, но все же что-то было,
плюс, конечно, пекло в чреслах, в чреслах пекло.

Новый гость заводит речь о мокром снеге,
замечает, что не прочь отведать снеди,
и включается, жуя, в пиздеж о смерти.

Как-то так. И приложеньем к снегопаду
близкий танец под французскую эстраду.

2013

СМЕРТЬ В ПАРИЖЕ

Памяти друзей

Эта девушка божилась, что умрет в Париже.
К своему стыду, не знаю, где ее могила.
Вероятно, не в Париже, а гораздо ближе,
если у нее в Кузьминках сердце прихватило.

О, поспешные обеты, нищие обеды!
Много скверного спиртного под мануфактуру.
Пусть прочтут стихи по кругу нервные поэты,
будто здесь у нас - парадный вход в литературу.

Здесь у нас лежат на кухне алкаши-аркадцы,
изнывая от похмелья. Разве нет, Аркаша?
Пастухам к лицу цевница, каждый рад стараться -
да с утра тахикардия, выручай, Наташа!

Через час пришла с мороза горе-парижанка,
и сказала, открывая крепкие напитки:
- Или я люблю искусство и поэтов жалко,
или, есть такое мненье, дело в щитовидке...

А покойный друг Аркадий стал ей строить куры
и, как записной Ромео, взвыл - «О, говори же,
светлый ангел!»
              Вновь сгущался чад литературы -
в тот запой и прозвучала мысль про смерть в Париже.

2015

***

И. Д.

За соловьем не заржавеет -
овраги стонут и гремят,
и жизнь внезапно цепенеет
точь-в-точь один Хаджи-Мурат,
когда, свое волненье выдав,
он расплескал кувшин с водой,
внимая пению мюридов
под обреченною звездой.

2015

***

М. К.

Детский ад на старинной картинке,
где спускают семь шкур по старинке –
жарят заживо, вдумчиво бьют,
кормят сельдью и пить не дают.

А когда торжествует наука,
в ход идет просвещенная мука:
рай утраченный (вид из окна) –
дуб, скамейка, мангал, бузина.

2018

***

...и гарнизонный кругозор,
и молодость на кокаине,
и нигериец-стриптизер -
вот, собственно, и все о Зине.
Прощай, мой свет, пора, разрыв!
Спиной к мерзавцу в час заката
застегивая в гневе лиф:
«Ты предпочел бы танки НАТО!»

Я предпочел бы ветер в поле
и выпускной в районной школе,
трель соловья и лепет струй,
и мимолетный поцелуй.
И, все-таки, неотразимо
сиянье этого лица,
когда, как под гипнозом, Зина
вдруг оборачивается!

2019

***

Посередине медляка Анжела,
как будто ей внезапно поплохело,
в слезах ушла из шумного ДК -
Анжелке страшно стало за Витька.
Она ходила по полю полночи,
все силясь блин припомнить школьный стих
про давний бал, и там одной короче
приснился насмерть раненный жених.
Петров, Проценко, Нурутдинов, Храпов,
Какулия, Черных, Сердюк, Потапов
и др. – в полдневный жар лежат они
в долинах Дагестана и Чечни.

2019

***

Лет сто назад, году в 73-м
три молодых похмельных шалопая
на лавке Гоголевского бульвара
прикидывали, что у них троих
едва хватает в сумме на одну.
Вот если та, кого они там ждали,
добавит рубль-другой, то хватит на две.
Но та, кого они так нервно ждали,
сверкнув незабываемой улыбкой,
дала десятку —
                    мы переглянулись
и дунули в Смоленский гастроном,
поскольку время близилось к закрытью.

Я на ходу представлю *who is who*.
Кто хром, как Байрон, тот у нас Цветков.
Ему на долю выпала дорога,
а нынче он в суровом карантине
Бат-Ям под Болдино приспособляет.
Второй — Сопровский Саша, первый друг,
во цвете лет погибший в 90-м,
а третья... Третьей тоже нет в живых.
Останешься здесь безымянной, ладно?
«Что значит имя? Роза пахнет розой,
Хоть розой назови ее, хоть нет...» -
Садись, «пятерка». Я — он я и есть.

Нам крупно повезло: впритык к закрытью
мы славно отоварились «Фетяской» -
рупь 27, семь по 0,7 —
                    точь-в-точь
пароль или считалка.

73

Сегодня я, неисправимый лирик,
со вздохом заявляю – жизнь прошла.
Что я в конце концов хочу сказать?
Что смысла нет? Что все труды насмарку?
Что негодяи ходят по буфету,
а остальным судьба терпеть фетяско?
Здесь снова кстати ссылка на Шекспира –
есть у него сонет как раз об этом,
да и программный Лермонтов был прав,
назвав ее пустой и глупой шуткой!
Все правда, правда и еще раз правда!

Но май! Но младость! Дружба и любовь!
И семь вина - по сути дела даром!

2020

***

Я роняю папиросы
пьяными руками.
Лена книжку Леви-Стросса
держит вверх ногами.
Вот отсюда, свет мой ясный,
дети и берутся.
Дар случайный, дар напрасный,
пепел в чайном блюдце.

Мама, папа, брат, Наташа,
Саша, Петр, Ирина,
Витя, Галя, Лев, Аркаша
Алик, Вова, Инна...
Многие, кого любил я,
с кем легко дружил я,
к большинству примкнули (англ.) -
умерли, мой ангел!

Вдох и выдох в час заката,
пыль фотоальбома.
Старость чуть витиевата,
будто в чем-то виновата, -
вычурная идиома,
грустная цитата.

2021

***

Когда ты старый и тебя Кенжеев
сажает в *Chinatown* на автобус
в Бостóн или на местном русском в Бóстон,
минут через 5-7 вполнеба слева,
как призрак в балахоне на ходулях,
из-за реки встаёт Манхэттен.

И ты, поскольку стар, глядишь в окно
такой весёлый и печальный -
восторг прощальный твой Нью-Йорк прощальный.

2023

***

Что за чудак-человек по улице Барнова ночью
еле плетется, твердя «Москву кабацкую» вслух?
Экое кири куку! Это старый и трезвый Гандлевский
делает вид на безлюдье, будто он молод и пьян.

2024

***

«Soon it will be done troubles of the world...»

Телефон надрывался, я с места срывался
и летел на другой край Москвы.
Там веселый народ собирался -
все они на сегодня мертвы.

Месяц май, зелень, диск 33 оборота.
По-английски пижонам охота
чернокожей певице подпеть
и одобрить классическим жестом
«Во даёт!»
          Пой, Махалия Джексон, -
юность любит скорбеть.

И веселая скорбь во главе восседала стола
и немыслимо низкую ноту брала,
оглашая дворы городские.
Но не больно-то верили те молодые
честолюбцы, красавицы, пьянь,
что, хотя дело дрянь,
но, как в песне поется, и впрямь
«Скоро кончатся беды мирские!»

2024

***

Я с некоторых пор живу в Тбилиси,
и мне средь улиц, лестниц, тупиков
то Лосев примерещится, то Рыся,
то Беня, то Цветков.

Немудрено: чем дальше, тем упорней
любые город, ПГТ, село
и впрямь приобретают сходство с горней
обителью, где грустно и светло.

А если обойтись без антимоний
лирических и прочих бла-бла-бла,
то ближе к смерти память оживленней,
а явь пустынней — вот и все дела.

2024

***

«Гав!» - из-за шкафа скажет стишок.
Как ты меня напугал!
Выпить рассчитывал на посошок,
а развезло наповал.

Радость моя в смысле старость моя,
стыдная жадность моя!
Кошки, собаки, враги и друзья,
лоси, улитки, семья!

Боже, сто лет человеку в обед,
к исчезновенью обвык,
в зеркале – вылитый дед-краевед,
из СНТ «Газовик».

В детство впадаю и в рифму, и без,
радуга между ресниц,
будто вступаю в березовый лес
с определителем птиц.

2020

СНЫ ПО ЗАЯВКАМ

Сны по заявкам
Сергей Гандлевский

This is the first edition of *Сны по заявкам*. The book was prepared for publication by the author and contains previously published poems, selected by him especially for this volume.

Design and typeset by Virgola Press
Published in 2025 by Virgola Press, New York
https://virgolapress.com